新 心が元気に なる本

自分にイライラ、 どうしよう？

～自分の気持ちや性格の悩み～

監修／伊藤美奈子

あかね書房

はじめに

イライラしたり、**モヤモヤ**したり、
いやな気持ちがわき起こったとき、あなたはどうしていますか？

そういった気持ちのときは、
うまく自分をコントロールすることができずに、
自分でも思いもよらない発言や行動をとってしまって、
後悔してしまったことはありませんか。
また、**必要以上に友だちと自分をくらべて**しまったり、
自分の**いやな部分に気がついて落ちこんだり**する
こともあるかもしれません。

悩みや不安な気持ちは、だれにだってあるものです。
そういった気持ちになったとき、どうやって対処していますか？

この本の登場人物も、さまざまな悩みをかかえています。
本の中に出てくるストーリーを読んで、
主人公の気持ちに共感できる部分があるかもしれません。
ストーリーの中のさまざまな悩みを知ることで、
気がつくこともあるでしょう。

ストーリーの主人公たちと、いっしょに考えてみてください。
いろんな悩みや、人の気持ちになって考えることで、
あなた自身の悩みの解決につながるヒントが
得られるかもしれません。

「**自分はこれでいいんだ**」と思えるようになれるといいですね。

この本の登場人物

アカリ
勉強にもスポーツにも、なんに対しても努力家。でも、がんばりすぎて、イライラしてしまうことがある。

アユム
責任感が強く、たのまれたことはきっちりとこなす。初めてチャレンジすることには、気おくれしてしまう。

小学5年生

ミオ
ひかえめで、はずかしがり屋。本を読むことが大好きで、自分で文章を書くのも好き。

ハルト
しゃべることが苦手で、自分に自信がもてない。でも、集中してなにかをすることは好き。

ユナ
おしゃべりとおしゃれが大好き。流行に乗りおくれたくないので、周りの情報には敏感。リョウと兄妹。

中学2年生

リョウ
大好きなサッカーにはとことん夢中になれるけど、勉強はあまり好きではない。ユナと兄妹。

3

もくじ

主人公：リョウ

主人公：アカリ

主人公：アユム

この本の読み進め方

お悩み発生！

登場人物たちが、日常で悩んだり困ったりしそうなできごとに直面するよ。

登場人物といっしょに考えよう

お悩みに直面した後の行動の選択肢だよ。主人公の気持ちになって考えてみよう。

それぞれの選択肢について、ほかの登場人物たちが話し合うよ。君は、どの子に考えが近いかな？

登場人物はどんな結果をむかえたかな？

主人公が、どの選択肢を選んだかを紹介するよ。必ずしもハッピーエンドをむかえているわけではないんだ。

お悩みについて、もっと考えるための質問。似た状況におちいったときに困らないように、よく考えてみよう。

お悩みは人の数だけあるから、状況や相手の反応などによっても変わってくるよ。ここでは、主人公のお悩みと似ている例を紹介。

コラムで理解を深めよう！

お悩み内容の理解を深めるコラムのほか、実際に書いたり診断したりするページもあるから、チャレンジしてね。

朝、アカリの家

髪形も服装も決まらない……

→p.38なんでもがんばりすぎてしまう

支度まだなのー？

わかってる！

→p.8すぐにイライラしてしまう

登校中

ドーンッ

ダッ

ピュ

ぼくが変なところを歩いていたのかな……？

→p.28いつも自分のことを責めてしまう

授業中

はい！答えは"主語"です

残念答えは"修飾語"でした

なぜかというとね

ショック……自信あったのに……

→P.12小さなことでクヨクヨしてしまう

社会の授業中

グループ学習の
リーダーを決めるので
くじ引きしてください

はーい

スッ

→p.40リーダーに
なっちゃった!

ガーン

アタリ

体育の
授業中

タタタッ

次は
アカリちゃんが
走るんだ

ハァ
ハァ

足、速いんだよね……

→p.16だれかと
自分をくらべてしまう

下校中

もうすぐ
テストだ〜

帰ったら
勉強しないと

トコ　トコ

めんどくさいなぁ

ハァ〜

→p.35勉強に対する
やる気が出ない

ミオの家

…は森へ行き…

明日は発表会だ〜
緊張するなぁ

→P.24緊張して
うまくいかないことが多い

7

お悩み 1 すぐにイライラしてしまう

遅刻するわよ

ハンカチもった？

忘れ物は？

うるさいなぁ
行ってきます！

バン

ゴソゴソ

ポロッ

ポテッ

あっ

あっ……
ごめんね

イラッ

なんで
ハルトが
あやまるのよ!!

ハルトは悪くないのに
おこっちゃった

8

考えよう！

相手は悪くないのに、イライラしてしまったアカリ。
どう行動すればよかった？

① 反省してすなおにあやまる

アユム

ハルトは悪くないのに……って、心にひっかかる気持ちがあったら、すなおにあやまったほうがいいんじゃないかな？

↓

でも、面と向かってあやまるのって、けっこう難しいよね。

ユナ

↗

アユム

そうそう。タイミングをのがしちゃうとよけいにあやまりづらくなるよね。

↓

時間が経ってからもモヤモヤするんだったら、手紙とかであやまるのもいいんじゃない？

ユナ

② 開きなおって不満を正直にぶつける

ミオ

なにも悪いことしてないのに、オドオドされると、たしかにイライラしちゃうかも。

じゃあ、はっきりそう言えばいいんじゃない？

リョウ

ミオ

でも、アカリちゃんは自分がハルトくんにおこっちゃったこと、反省してるみたいだし……。

そのときはイライラして、つい言っちゃったんだな。だから、さらに不満をぶつけたら、あとでもっともっと反省することになるんじゃないかな？

リョウ

③ ほうっておく

ユナ

いちいちあやまらなくても、時間が経ってから別の話題で話しかけるっていう手もあるよね。

ハルトくんがすごく気にしていたら別だけど、案外、気にしてないかもしれないし。別の話題でふつうに話しているうちに、なんとなくどうでもよくなるってときもあるよね。

ミオ

そうそう。「あやまらなきゃ！」って緊張しすぎて、話しかけられないでいたら、無視してるって思われてもいやだし……。

ユナ

うんうん。ほうっておいて、あとでふつうに話しかけるだけでも、ある程度、気持ちは通じるかも。

ミオ

アカリさんのとった行動は？

① 反省してすなおにあやまる

（ハルトは悪くないのに、おこっちゃった……）
この気持ちは、少し時間がたってからも、アカリの心の中にモヤモヤと残っていた。
（やっぱり、ハルトにちゃんとあやまろう！）
昼休み、アカリはろう下にいたハルトを呼び止めた。

アカリ「ハルト、今朝はごめんなさい！」

ハルト「えっ!? アカリさん？ どうしたの？」

アカリ「わたし、朝、お母さんと言い合いしちゃって……、イライラしてハルトに当たっちゃったんだ。ごめんなさい！」

ハルト「そうだったんだ。いいよ、気にしてないよ」

モヤモヤしているなら、きちんとあやまろう

　時間がたってもモヤモヤして気になるのだったら、相手にきちんとあやまりましょう。面と向かってあやまるのが難しかったら、手紙やメールなど、伝えやすい方法でOKです。思春期（3巻 P.12）は特にイライラしやすく、家族や友だちにそれをぶつけてしまうのはよくあることです。それに気がついたなら、心をこめてあやまりましょう。

君ならどうする？

小さいことに、イライラしてしまうことはあるかな？

もし、ハルトの立場だったらどんな気持ちになっていたかな？

まとめ イライラはだれにでもおこるもの。うまくイライラとつきあう方法を身につけよう。 ▶ p.11

イライラとじょうずにつきあうためには？

イライラはだれにでもおこりますが、自分でコントロールすることもできます。
自分に合う方法を見つけて、じょうずにつきあっていきましょう。

とつぜんイライラがやってきたら……

イライラした気持ちにまかせて、そばにいる人に文句を言ったり、どなりつけたりすると相手にいやな思いをさせてしまいます。イライラをだれかにぶつける前に、ひと呼吸おいてみましょう。そうすると、カッとなった心をクールダウンさせることができますよ。

イライラしちゃった！

✕ → 相手をどなりつける →

言いすぎるなど、悪い方向に……

カッとなって、あとで「あんなこと言わなければよかった」と思うようなことまで言ってしまった。

○ → すぐにいかりをぶつけずに、ひと呼吸おく → イライラから気持ちがそれて、落ちつけた！ →

落ちついたら、いろいろなことに気がついた

よく考えたら、自分も悪かったし、そこまでおこるようなことじゃなかったと気がついた。

ひと呼吸おく方法

イライラからきょりをおくために、次のような方法をためしてみましょう。イライラが静まっていきますよ。

・5秒まつ
・深呼吸する
・相手に言う前に自分の中で言ってみる

1...2...3...

ふだんから心がけておきたいこと

思春期は、ささいなことにも反応しやすい時期です。家でも学校でも、だれかのちょっとした言動にイライラしてしまうこともあります。それを人にぶつけたり、ぶつけないでがまんしつづけたりする前に、自分なりの解消法を見つけておきましょう。自分の好きなこと、楽しいと思えることで、定期的に気晴らしをしておけば、イライラしにくくなります。イライラをためすぎないことを心がけてくださいね。

解消法の例

・体を動かして、汗をかく
・好きなアイドルの音楽を聴く
・思いっきり歌う
・好きな食べ物を食べる
・お笑い番組を見て、笑う
・ぐっすりと寝る

11

お悩み 2　小さなことでクヨクヨしてしまう

アユムは落ちこんでいた。
1時間目の授業で当てられたとき、答えをまちがえたのだ。
次の授業は、アユムの得意な算数だった。
先生　「この問題、わかるかな？」
先生が出した問題を、アユムはすぐに解けたが、手を挙げなかった。

― 休み時間 ―
ユナ　「アユムの得意な算数なのに元気なかったね」
ユナの言葉に、アユムはつぶやくように返した。
アユム「1時間目でまちがえたから、自信がなくなって……」
ユナ　「1時間目？　そうだっけ？」
（えっ、ユナ、覚えてないの？　もしかして、ぼくがクヨクヨしてるだけ？）

💡 **考えよう！** 周りは気にしていないのに、クヨクヨしていたアユム。どうすればよかった？

① だれかに話してすっきりする

アカリ

人に話してみると、落ちこむほどのことではなかったんだって気づくこともあるよね。

② 気にしないように心がける

すんだことをクヨクヨしてもしかたないから、気にしないっていうのもひとつの方法なんじゃないかな？

ユナ

③ 気分が変わることをする

リョウ

そればかり考えているとよけいに落ちこむから、別のことをしたり、考えたりしたほうがいいんじゃない？

アユムさんのとった行動は？

② 気にしないように心がける

（いや、きっと気のせいだ……！）
気にしないように無理やり考えることにした
が、それでもアユムは半信半疑だった。
（でも、ユナ以外の人はどう思っているかな、
覚えてないのかな……）
そこへミオがやってきたので、アユムはおそ
るおそるたずねてみた。

ミオ「え？　1時間目のまちがい？　アユム
　　　も当てられてたっけ？」

ユナ「ほらアユム、ミオもそう言ってるよ。
　　　あのねミオ、アユムが意外と気にして
　　　いたみたい」

ミオ「そうだったんだ。1時間目って、当て
　　　られた人がたくさんいたし、みんな忘
　　　れているよ」

ミオに言われて、アユムもようやく納得した。
（そっか。そんなに気にするようなことじゃ
なかったんだ……！）

ささいなことと考えて、気にしないこと

　そんなに重大なことではないとわかってい
ても、いつまでも気にして落ちこんでしまう
ことはありませんか？　そんなときは思い
切って、「もう、気にしないぞ！」と決めて
しまうのもひとつの方法です。

　そうは言っても、やっぱり気になるかもし
れませんね。そういうときは、気にしている
ことからはなれるようにしましょう。ほかの
ことを考えたり、別のことにとり組んだりし
ているうちに、いつの間にか気にしなくなっ
ていますよ。

君ならどうする？

どんなときに、いつまでもクヨ
クヨしてしまう？

もし、アユムさんの立場だった
ら、どうしたかな？

友だちがクヨクヨしていたら、
なんて声をかける？

どうしても気になってしまったら……

さっきは納得できたから、気にしないようにしたんだけど、やっぱり気になってきちゃった……。どうしたらいいかな？

アユム

① だれかに話してすっきりする

家族や先生、友だちなど、信用できる人に話してみましょう。自分の心の中にためたままにしておくと、いつまでも気になってしまうことがあります。人に話すと、心の外へ出すことができますから気持ちが楽になりますよ。また、相手に「そんなこと気にしなくていいよ」などと言われることで、自分が気にしすぎだったんだと気づくときもあります。

③ 気分が変わることをする

忘れようと思えば思うほど忘れられなくなる場合もありますから、気になっていることとはまったく関係のないことをして、気をそらしてみるのもいいでしょう。走りまわって遊ぶ、スポーツをするなど、汗をかいて体を動かすことに夢中になっているうちに、気にならなくなることもあります。好きな本やマンガを読んだり、好きな音楽を聴いたりするのもいいですね。

まとめ 気にしてしまうことがあるときは、人に話したり、関係ないことをしたりして、気をそらしてみよう。

イライラ、クヨクヨ……

気持ち（心）ってなんだろう？

気持ちはどこからやってくるのか知っていますか。
実は、気持ちは脳に伝わった情報から生まれているのです。

気持ちは脳から生まれる

「楽しい」「悲しい」などの気持ちは、どこからどんなふうにして生まれているのでしょうか。

人には、視覚（目）、聴覚（耳）、嗅覚（鼻）、味覚（舌）、触覚（皮ふ）の5つの感覚がそなわっていて、これらが外からの刺激を脳に伝えています。脳は、五感から得た外の情報や、体の状態をもとにして、体の各部分に信号を送ります。その結果、気持ちや考えが生まれ、それが表情や行動となって表れていくのです。つまり、気持ちは脳から生まれているのです。

味覚
あまさ、すっぱさ、塩からさ、苦さなどの味を感じる感覚。

視覚
光の刺激を受けて生まれる感覚。明るさや物の色、動きなどをとらえる。

聴覚
空気中の音波の刺激を受けて生まれる、音を感じる感覚。

赤くておいしそう

あまくて
少しすっぱい

かめばシャクシャク、
いい音

つるつる、
すべすべする

あまずっぱくて
いい香り

触覚
物にさわったときに生まれる感覚。

嗅覚
鼻のおくでにおいのもとをキャッチして、においを感じる感覚。

気持ちを科学する「心理学」

「心理学」は、心について科学的に研究する学問です。そう聞くと、少し難しそうな気がしますね。でも、みなさんにとって心は、毎日いっしょの身近な存在です。家族になにか言われてイライラしたり、発表の前に緊張してドキドキしたり……、心の動きは実にさまざまで、ときには自分でどうしたらいいのかわからなくなることもありますよね。心理学について少しでも知っていると、家族や友だちとの関係をさらによくするヒントがもらえることがありますよ。

だれかと自分を
くらべてしまう

体育の授業中
50m走

タイム
7.90秒

すごーい！

アカリちゃんのタイムに
くらべて
わたしは平均……

自分に自信もないし
あこがれちゃう……

タイム
9.50秒

ただいま

ただいまー！

お母さん、
今日テストで
100点だった！

え!?
お兄ちゃんは
テストで100点？

わたしは今日の漢字テスト
半分しかできなかった

わたしって

考えよう！

アカリや兄のリョウとくらべて、自分がダメに思えてきたユナ。どうすればいいだろう？

① なにもしない（あきらめる）

ハルト

なにをやってもできる人っているよね。いつもいいなあって思うよ。ぼくは、「それにくらべて、ぼくなんて……」って落ちこんじゃう。

アユム

その気持ちもわかるよ。そういうとき、どうやって元気を出すの？

ハルト

なにもしないよ。どうせぼくには無理だって、あきらめてる。

アユム

そうなんだ。でも、ハルトだって得意なことあるでしょ？

ハルト

うーん、なくはないけど……。でも、もっと得意な人はいっぱいいるから、そことくらべるとやっぱり落ちこんじゃうんだ。

② 自分よりもできない人を見つける

アカリ

自分よりできる人とくらべるから、落ちこんじゃうんじゃない？

ミオ

じゃあ、自分よりもできない人を見つければいいってこと？

アカリ

あっ、それ、いいかも！「なーんだ、わたしよりできない人いるんだ」って安心できそう。

ミオ

気が楽になりそう。よーし、人のダメなところをどんどん探しちゃお！

アカリ

うんうん。でも、人の悪いところばかり見るってことだよね……。

③ くらべた相手をまねしてみる

リョウ

自分とくらべて落ちこむくらい、相手のほうがすごかったり、がんばったりしてるってことだろ？

↓

そっか、自分が相手と同じようにがんばったわけでもないのに、落ちこむのはなんかちがうかも。

アユム

↗

自分より走るのが速い人を見たら、なにが自分とちがうのか、よく見てまねしてみたらいいんじゃない？速くなるかもよ。
リョウ

↓

なるほど。くらべて落ちこむと自分をきらいになるだけだけど、それで自分も成長できたらうれしいよね。

アユム

ユナさんのとった行動は？

② 自分よりもできない人を見つける

(人とくらべて、「わたしなんて……」っていう、
苦しい思いをしたくない)
そんな思いから、ユナは自分よりも
できない人を探すことにした。
(あの子、わたしよりも走るのがおそい)
(あの子、わたしよりも国語が苦手)
(あの子、わたしよりも背が低い)
気がつけば、ユナは人のあら探しばかり
するようになっていた。
でも、なぜかちっとも気が晴れない。
あるとき、ユナはハッと気づいた。
(人のあら探しばかりしている今の自分のことも、
ちっとも好きになれない。いったい、
どうしたらよかったんだろう？)
ユナは大きなため息をついた。

周りの人のことは
気になってしまうもの

　思春期になると周りの人と自分をくらべて
しまうことが多くなります。特にスポーツや
勉強だと、順位が数字で表されてしまいます
から、よけいに気になりますよね。
　また、「となりのしばふは青い」というこ
とわざがあるように、なんとなく他人のもの
のほうがよく見えることもあるようです。
　とはいえ、あこがれや嫉妬の対象となる「で
きる人」にも、悩みはあります。一度1位を
とったら、次も1位をとらないといけないと
いう、プレッシャーをかかえて苦しんでいる
かもしれませんよ。

アカリさんにも
悩みがある

1位だったからって、えらそうに
しちゃってたかな？
「今日は1位になれなかったね」
って言われたくないから、実は
毎日必死にトレーニングしてい
るんだよね……。

どう行動したらよかった？

「〇〇さんと
くらべて
わたしなんて……」

「自分もあんなふうに
できるようになりたい」って
思ったのかも！

人とくらべて しまった	→	「なぜくらべたか」を 見つめなおす

がんばりたい気持ちの表れ

人とくらべて落ちこんでしまうのは、「今の自分はまだまだなんだ」という事実に気づき、自分の中に「もっと成長したい」「あんなふうになりたい」という気持ちがめばえてきたからです。

↓

前向きな気持ちを
ほめてあげよう

どうしたら理想に 近づくかを考える

「〇〇さんにコツを
聞いてみようかな？」

前向きな目標に

自分とくらべて落ちこむのではなく、相手をよく観察したり、どうやったらうまくいくか聞いてみたりすると、いろいろなことができるようになるヒントを見つけられます。できる人と自分とのちがいを前向きにとらえて、改善できることを探してみましょう。

人のがんばりを
認められるようになろう

　自分よりできる人だって、知らないところで努力を重ねているのかもしれません。また、自分よりできないと思っていた人が、がんばって成果をあげているとわかるときもあります。自分とくらべてどうかだけで判断せず、考えのはばを広げて、まずは相手のがんばりを認めましょう。

君ならどうする？

自分よりもすごい人を見たとき、どう思った？

自分よりもできないと思っていた人が、がんばって成果をあげたとき、どう思った？

まとめ　周りの人が気になるのはよくあること。
人とくらべて落ちこむのではなく、相手の努力を認め、
よいところを自分自身にとり入れてみよう。

• 知らない自分を見つけよう！•

自分のこと、くわしく知っていますか？　知らずに心のおくへおしこめている気持ちや、自分でも気づいていなかったよいところが見つかるかもしれません。

知らない自分を発見できれば
自分のよいところに気づけるかも

　自分はこういう人だと思っていても、自分でもまだ気づいていない部分があります。また、周りが思うあなたは、自分が思う自分とはちがっているかもしれません。ここでは、自分がどんな人か紙に書き出すことで自分の悩みや願いに気づいたり、自分の印象を友だちに聞いてみることで、他人から見た自分のよいところを知ったりするなど、新しい自分を発見する二つの方法を紹介します。自分のことをより理解するために、ためしてみましょう。

STEP 1

自分について20項目書き出してみよう

やり方

「わたしは～。」という文を 20 個、紙に書き出していきます。「わたしは 11 歳です。」のような当たり前の内容でいいので、パッと思いついたものを書いていきましょう。制限時間 5 分以内に書くようにします。

文章の例

①わたしは 8 月生まれです。
②わたしは小学生です。
③わたしはあまいものを食べるのが好き。
④わたしはスポーツをするのが好き。
・
・
・
⑱わたしは将来イラストレーターになりたい。
⑲わたしはいつか外国に住みたい。
⑳わたしはもっと英語を話せるようになりたい。

数が進むほど、だんだん内容が変わってきているね。

後半になるにつれて、なりたいものや願望が現れてきたみたいだね。心のおくにあった気持ちなのかな？

●20項目書き出そう

自分について 20 個書いてみましょう。それを見つめなおすと、気づかなかった自分の心のおくが見えてくるかもしれません。この方法を、心理学で「20 答法」と言います。

① _____

② _____

③ _____

④ _____

⑤ _____

⑥ _____

⑦ _____

⑧ _____

⑨ _____

⑩ _____

⑪ _____

⑫ _____

⑬ _____

⑭ _____

⑮ _____

⑯ _____

⑰ _____

⑱ _____

⑲ _____

⑳ _____

※本に書きこみはせず、コピーして使おう！

STEP 2 「ジョハリの窓」で自分を再発見!

「ジョハリの窓」とは、アメリカの心理学者であるジョセフ・ルフトとハリー・インガムが考え出した、自分のことをよく知るための方法です。人の心（性格）の特徴を「開かれた窓」「周りしか知らない窓」「秘密の窓」「だれも知らない窓」という4つの窓に分けて表します。「開かれた窓」の範囲を広げていくと、周りの人に自分のことをよくわかってもらえるようになり、もっと仲よくなれます。

やり方

❶ 4、5人に集まってもらい、全員分の紙とえんぴつを用意する。

❷ 紙に「性格の例」から選んだ自分の性格を書き出す。

❸ あなたの性格にあてはまるものを、みんなに「性格の例」から選んでもらう。みんなは、選んだ性格を紙に書く（いくつ書いてもよい）。

❹ みんなが書いてくれた紙を集め、自分の答えとみんなの答えを23ページの「ジョハリの窓」に書きこむ。自分がイメージする自分と、周りの印象をくらべてみよう。

自分も周りも知る自分

自分はもちろん、周りにも知られている性格。みんなとコミュニケーションをとると、この部分が広がっていく。

周りが知っている自分

周りの人には知られているのに、自分では気づいてない性格。周りに言われて受け入れると、この例は少なくなっていく。

自分だけが知っている自分

周りには知らせていない、自分だけの秘密にしている性格。周りに知らせて理解してもらえば、この例は少なくなっていく。

だれも知らない自分

自分は知らないし、周りも気づいていない性格。新しいことに挑戦して、新しい自分に出会ったら、この例は少なくなっていく。

性格の例

・がまんづよい	・アイディアが豊か	・しんちょう	・責任感が強い
・おもしろい	・センスがある	・明るい	・負けずぎらい
・がんこ	・親しみやすい	・おとなしい	・落ちついている
・勝気	・かしこい	・やさしい	・気が利く
・行動力がある	・まじめ	・しっかりしている	・マイペース
・現実的	・前向き	・おっとりしている	・聞きじょうず

●「ジョハリの窓」を作ってみよう

自分とみんなが書いた紙の中から、自分もみんなも書いた項目は「開かれた窓」へ、自分しか書いていない項目は「秘密の窓」へ、友だちしか書いていない項目は「周りしか知らない窓」へ記入します。それ以外の項目は、「だれも知らない窓」に記入しましょう。

	自分が知っている （開かれた窓）	**自分が知らない** （周りしか知らない窓）
周りが知っている		
周りが知らない	（秘密の窓）	（だれも知らない窓）

※本に書きこみはせず、コピーして使おう！

お悩み 4 緊張してうまくいかないことが多い

今日は
朗読の発表会

…しました。

人前に出ると
頭が真っ白になっちゃう
いやだな……

ドキン
ドキン

〜と
行き…

緊張すると
いつもはできていても、
うまくできる
気がしないよ……

ドキン

そして、
〇〇は…

次だ！
どうしよう……

絶対失敗
しちゃうよー！

 考えよう！　緊張のあまり頭が真っ白になってしまっているミオ。
どう行動したらいいだろう？

① うそをついて保健室へ行く

ユナ

わかるなあ。緊張しすぎると、その場からにげ出したくなるよね。

リョウ

だったら、思い切ってにげ出したらいいんじゃない？　おなかがいたいから保健室に行ってくるとか、そういううそをつけばいいだろ。

ユナ

えっ、うそをつくの？　いいのかな？　でも、1回はそれでにげ出せたとしても、毎回その手を使ったら、うそってわかるよね？

リョウ

まあ、そうかもな。その場しのぎで、解決策にはならないだろうね。

② 特になにもしない

アカリ

緊張するのはわかるけど、発表会とかだとしかたないよね。みんなに順番がくるわけだし……。

アユム

自分だけやらないわけにいかないもんね。せめて、少しでも緊張をやわらげて、落ちつけたらいいよね。

アカリ

でも、終わるまではなにをやっても緊張したままだよね。しかたないんじゃないかなあ。

アユム

少し緊張感があるほうが、いい結果が出せるっていうのを聞いたことがあるよ。それに、たくさん練習しておけば、本番は緊張しつつもうまくできるかもしれないね。

③ 「落ちつけ！」と手をつねってみる

ハルト

おばあちゃんが、「人」っていう字を手に3回書いて飲めばいいって言ってたよ。これっておまじないだよね。

↓

リョウ

聞いたことがある。科学的な根拠はなさそうだけど、自分の緊張がおさまればいいんだから、信じてみてもいいよな。オレは、いつも自分の手をつねっているよ。

ハルト

手をつねるの？　なんで？

↓

リョウ

手をつねるのは、なんとなくだけど、オレはうまくいくほうが多いんだ。方法はなんだっていいんじゃない？　自分が落ちつければいいんだから。

ミオさんのとった行動は？

③ 「落ちつけ！」と手をつねってみる

緊張はピークをむかえ、今にも口から心臓が飛び出しそう。
（ああ、どうしよう。どうやったら落ちつけるの？）
そのとき、ふと、前にだれかに教えてもらったおまじない
を思い出した。
「いたっ！」
と声をあげそうになって、あわてて口をおさえる。
ミオは自分の手をつねったのだ。
その直後、ミオが発表する番がきた。
さっきのおまじないのおかげで緊張から
うまく気がそれて、すっと朗読に入ることができた。
（こうなれば、もうこっちのもの。
だって、ちゃんと練習してきたんだから）

落ちつくことができる
"おまじない"を用意する

手をつねる以外にも、緊張したときにできる自分
に合ったおまじないを用意しておきましょう。その
場ですぐにできるものがいいですね。一度やってみ
て成功したら、次からもそれを行うと、さらに安心
して落ちつくことができますよ。

おまじないの例

・3回深呼吸
・うでを回す
・水を飲む

おまじないを行うと、緊張し
すぎてパニック状態になった
ときでも、気持ちを落ちつか
せることができます。

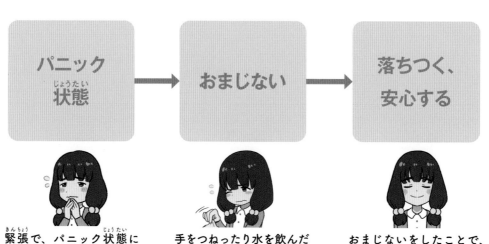

パニック状態	→	おまじない	→	落ちつく、安心する
緊張で、パニック状態に なってしまった。もう、そ のことが頭からはなれない。		手をつねったり水を飲ん だりするなど、自分なりのお まじないを用意しておく。		おまじないをしたことで、 緊張していたことから気が それて、冷静になれる。

練習したことを思い出すのも効果的

　たくさん練習したのに、緊張しすぎるために本番でその成果を発揮できない場合は、練習したときのことを思い出すのも効果的です。また、前に成功したときのことを思い出したり、成功した姿を思いえがいたりすると、落ちついて本番にいどむことができますよ。

君ならどうする？

緊張したときは、どうやって落ちつくようにしていた？

緊張したときのおまじないを用意してる？

友だちが緊張していたら、なんて声をかける？

まとめ

緊張したときは、自分に合った方法でうまく気をそらすと、落ちつくことができる。自分だけの"おまじない"を見つけておこう。

こんな場合はどうする？

「勇気を出せない」

　授業中に手をあげて発言する、新しいクラスで仲よくしたい子に声をかけるなど、したいことがあるのになかなか勇気を出せないときがありますね。人間はもともと、とってもおくびょうな生きもの。だれだって最初はこわいのです。シーツや木の枝がおばけに見えることがあるように、そのこわさは自分の心が作り出しているものかもしれません。
　まずは、できることから始めて、少しずつ自信をつけていきましょう。

うまくできたら
自分をほめてあげよう

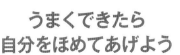

お悩み 5 | いつも自分のことを責めてしまう

5-3

ザラッ

おはよう
ハルトくん

今日は
いっしょに
日直だね

水やり
ありがとう

じゃあ
ぼくは……

キョロ

キョロ

！

学級日誌
書くね

あ！

大丈夫
これ
わたしが
やるから！

ピュ

え……

♪

ミオちゃん
ぼくにまかせてくれなかった

もしかしてぼく、
たよりないって
思われてる？

ぼくって
口下手だし暗いし、
そりゃたよりないって
思われるよね……

もー、ぼくって
ダメダメだぁ
自分がいやだよ！

28

考えよう！

いつも自分が悪いと考えてしまうハルト。
どうしたら楽になれるかな？

① 前向きにとらえようとしてみる

アカリ

ハルトがいつもオドオドしているのって、自分に自信がないからなんだね。でも、そんなに自分のことを責めなくてもいいのに……。

ユナ

自分に自信がない気持ちはわかるけど、ハルトはちょっと気にしすぎかもしれないね。

アカリ

そうだよ。たよりないって言われたわけじゃないんだもん。ハルトの思いすごしかもしれないのに。

ユナ

そうだよね。悪く考えちゃったときは、よいほうへ変換できたらいいよね。そうしたら、つらくなくなるんじゃないかなあ。

② 「なおしようがない」とあきらめる

アユム

全部自分のせいだって思っちゃうんだね。ぼくもそういうときあるよ。

そうなの？　オレはけっこう、人のせいにしちゃうけど。全部が全部、自分のせいだとは限らないし。なんでもかんでも自分のせいにしちゃったら、つらくない？

リョウ

アユム

つらいよ。どんどん自分のことをきらいになっていっちゃうよね。全部自分が悪いんだって思っちゃうと、なかなかそこから抜け出せないかも。

そうなんだ。じゃあ、気持ちが落ちつくまで、じっとしているしかないのかな。

リョウ

③ ミオに「たよりなくて、ごめん」とあやまる

アカリ

自分が悪いと思っていて、苦しい思いをしているなら、ミオにあやまったらいいのかな？

↓

なにに対してあやまるの？　ミオの態度は、おこっているように見えないけどな。

ユナ

↗

アカリ

「たよりなくて、ごめん」って。あやまったら、すっきりするかも。

↓

うーん、でもミオからは「たよりない」って言われたわけではないから、急にあやまったら、びっくりするんじゃないかなぁ。

ユナ

ハルトさんのとった行動は？

① 前向きにとらえようとしてみる

（いつまでもこんな自分でいるの、いやだな……。ミオさんが日誌を持っていったのは、たまたまかもしれない）
ハルトはミオの席へ行き、思い切ってこう言った。
ハルト「ミオさん、ぼくにも手伝わせて」
すると、意外な答えが返ってきたのだ。
ミオ　「あっ、ハルトくんもこういうの書くの好きだった？　ひとりじめしてごめん！」
ハルト「えっ、ミオさんは書きたかったの？　ぼくはそういうの好きじゃないけど、仕事おしつけちゃって悪いなって……」
ミオ　「そっか。じゃあ、わたしやってもいい？」
ハルト「もちろん、助かるよ、ぼくは、別の仕事をやるね」

自分の短所を受けとめることも大事

　だれにでも短所はあります。たとえば、いつものろのろしていてすばやく行動できない人について、「動作がのろい」と言えば短所になりますが、「落ちつきがある」と言いかえれば、同じ特徴なのに長所に思えてきませんか？

　短所をなくすのは難しいので、まずは自分にはそういう面があると受けとめ、その上で長所にできないか、考えてみることが大切です。この悩みの場合も、「口下手」→「ひかえめ」、「暗い」→「落ちついている」などに言いかえ、自分を責めすぎないようにしましょう。

ぼくって口下手で相手にうまく気持ちを伝えられないことがあるなぁ……

短所を認める

自分にはこういうが面があると受けとめましょう。そこで、落ちこまなくてもいいのです。

口下手だけど、発言がひかえめなぶん一生懸命伝えようとするし、うそはないはず。そこは、長所になるんじゃないかな？

向き合う

自分の短所に冷静に向き合って、自分のことを責めすぎない方法を考えましょう。

自分のいいところを探そう
短所が長所に思えることもある

自分の悪いところばかりが気になると、自分を責めてしまいがちです。短所をポジティブな言葉で変換して、長所としてとらえなおしてみましょう。家族や友だちの気になるところもポジティブにとらえなおすと、相手に対してイライラせずに接することができるようになります。

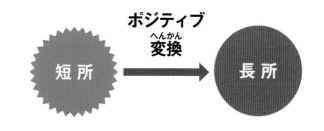

ポジティブ変換

短所 → 長所

●ポジティブな言葉の言いかえ例

あわてんぼう	→	すばやく行動できる	口下手	→	ひかえめ
いいかげん	→	おおらか	暗い	→	落ちついている
うるさい	→	明るい	けち	→	お金を大切にする
えらそう	→	堂々としている	地味	→	ひかえめな
おくびょう	→	用心深い	消極的	→	しんちょう
おしゃべり	→	活発な	ずうずうしい	→	堂々としている
落ちこみやすい	→	まじめ、けんきょ	たよりない	→	やさしい
お調子もの	→	親しみやすい	短気	→	熱血
おとなしい	→	ひかえめ	冷たい	→	りんとしている
軽はずみ	→	積極的	生意気	→	自立心がある
気が弱い	→	しんちょう	八方美人	→	人づき合いがじょうず
空気が読めない	→	周りを気にしすぎない	優柔不断	→	他人の意見を尊重する

君ならどうする？

自分を責めすぎていたことはある？

自分のどんなところがきらい？

きみがハルトさんだったら、どうした？

まとめ

だれにでも短所はある。
でも、それって本当に短所？
短所を長所に言いかえることで、たんなる自分の特徴としてとらえなおすことができる。
自分を責めすぎないようにしよう。

こんな場合はどうする？

「失敗したとき、どうやったら立ちなおれる？」

　みんなの前で発表するときなど、緊張して思わぬ失敗をしてしまうことがあります。そういうときに反省することは大事ですが、「自分はなんてダメなんだ」と自分を責めすぎることは、次の失敗を防ぐことにはつながりません。今後、

同じような機会があったとき、どうしたら失敗しないですむかをよく考えてみましょう。つまずいた点を改善する方法を学べば次は失敗しなくてすむのです。失敗は成功のもと。前向きにとらえましょう。

マイナスの考え		プラスの考え
・準備が足りなかった ・早口でしゃべりすぎた ・下を向いてばかりいた	なにを学べるかを考えよう	・次はもっと準備しよう ・ふだんから少しゆっくり話そう ・前を向いて話す練習をしよう

「ヒソヒソ話がこわい」

　だれかがヒソヒソ話をしていると、自分の悪口を言われているような気がして、その人たちに話しかけづらくなることがありますよね。でも、それはたんなる思いこみかもしれません。
　思い切って話しかけてみると、すんなり仲よ

くなれることもあります。もし、話しかけてみても反応が微妙で、あなたがつらい思いをするようだったら、無理して相手に合わせる必要はありません。ほかに仲よくできそうな人を見つけるのもいいですね。

どうして、あの子たちのヒソヒソ話が悪口だって思ってしまうんだろう。もしかしたら、あの子たちのことが気になっていて、そう思いこんでしまっているのかも。

自尊感情をチェックしてみよう

次の①～⑩について、「あてはまる」から「あてはまらない」までの5段階のうち、どれが自分に近いか選びましょう。できたら、選んだらんに書いてある数字を全部足して合計点を出しましょう。

	あてはまる	少しあてはまる	どちらともいえない	少しあてはまらない	あてはまらない
① 自分はそれなりに価値のある人間だ。	5	4	3	2	1
② 自分にはいろいろなよいところがある。	5	4	3	2	1
③ 自分のことを敗北者だと思うことがよくある。	1	2	3	4	5
④ たいていの物事をうまくやることができる。	5	4	3	2	1
⑤ 自分には、人に自慢できるようなところがあまりない。	1	2	3	4	5
⑥ 自分のことを認めている。	5	4	3	2	1
⑦ たいていのことについて、自分に満足している。	5	4	3	2	1
⑧ もっと自分のことを尊重したい。	1	2	3	4	5
⑨ 自分はダメな人間だと思うことがある。	1	2	3	4	5
⑩ 自分は役立たずだと思うことがある。	1	2	3	4	5

※本に書きこみはせず、コピーして使おう！

合計 ☐ 点

合計が10～29➡低い～ふつう

合計が30～50➡ふつう～高い

合計点が低ければ低いほど自尊感情が低く、高ければ高いほど自尊感情も高くなります。得点の範囲は10～50点なので、その真ん中である30点を基準にして、高いか低いかを判断します。

『イラストレート 人間関係の心理学』（齊藤勇著／誠信書房）表1-2 自己評価スケール（Rosenberg, 1965 をもとに作成）など、
『あの人の心を読み取る　他人の心理学』（金政祐司監修／ナツメ社）より

自分のことが好き？

自尊感情チェック診断

自分のことが大好きな人もいれば、どちらかというときらいという人もいます。あなたはどうですか？ 33ページでチェックしてみましょう。

「自尊」とは？
自分をよい方向に受け入れること

「自尊感情」ってどんなもの？

「自尊感情」とは、自分のことを価値のある存在としてとらえる感覚をいう、心理学の言葉です。自尊感情が高い人は自分に自信があり、低い人は自信がないと考えられています。自尊感情が高いと自分をよい方向にとらえることができ、ストレスを感じにくいので、幸せ度が高いといわれています。逆に、自尊感情が低いと落ちこみやすく、ストレスをかかえやすいのです。

自尊感情が高いと……

■長所
・やりたいことに前向きにとり組めるので、成功しやすい。
・物事を前向きに受けとることができる。
・ストレスをためにくく、幸せ度が高い。

■短所
・自分を否定する意見を聞き入れない。
・他人にきびしい目を向けてしまう。

自尊感情が低いと……

■長所
・ひかえめででしゃばらない。
・落ちついている。

■短所
・ストレスをためやすい。
・人をうらやましがってばかりいる。
・いつも自信がない。
・自分のことをわかってもらえないと思いこむ。

自尊感情は高いほどいいものではない

自尊感情が低すぎるとストレスをためやすく、心の病気になってしまうこともあります。33ページのチェックの結果、低すぎるとわかったら少しずつでいいので、自分のことを好きになれるようにしていきましょう。また、自尊感情は高いほどいいとは限りません。周りから「いつもえらそう」とか「うぬぼれ屋」と思われてしまうことがあるので注意しましょう。

自尊感情を上げるポイント

・友だちの声をはげみにする
あなたをはげましたり、ほめてくれたりする友だちといっしょにいれば、自然と自尊感情が高まっていきます。

・人のがんばりに勇気をもらう
自分と同じような状況にいる人ががんばっている姿を見ると、自分もがんばれそうな気がしてはげみになり、よい結果を得て自尊感情が高まります。人のがんばりを認めて、ほめることも大切です。

・得意なことを見つける
自分の得意分野を見つけて、その得意なことに自信をもてるように心がけるとよいでしょう。苦手なことからにげずにチャレンジするだけでも OK です。

お悩み 6 勉強に対する やる気が出ない

中学校では、もうすぐ定期テストが始まる。
（勉強しなくっちゃ……）
そう思いつつ、なぜかスマホへ手を伸ばしているリョウ。
（へえ、あのマンガ、アニメ化が決まったんだ……って、そうじゃなくて！　いっつも直前になってあせるから、早めにとりかからないといけないってわかっているけど……）
のそのそ立ち上がって、やっと机に向かう。
（得意な社会からやるか。えっと、今回の範囲は……うわ、こんなに広いの？　やる気がうせるなあ）
リョウは頭をかかえてしまった。

考えよう！

なかなか勉強に集中できないリョウ。どうしたら始められるかな？

① やる気が出るまでまつ

ぼくだったら、やる気が出るまでまつかなあ。無理してとり組んでも、頭の中に入らないような気がして……。

ハルト

② 気がすむまでスマホを見る

気がすむまでスマホを見たら、気持ちを切り替えられるんじゃない？　でも、ゲームをしたり動画を見たりしたら、やめられないかも。

アユム

③ ごほうびや目標を設定する

ここまで終わったらおやつを食べるとか、スマホを見ていいとか、ちょっとしたごほうびがあるとがんばれるよ！

ミオ

リョウさんのとった行動は？

② 気がすむまでスマホを見る

再びスマホを見始めたリョウ。
特に関心があるわけでもないネットの記事を読んだり、SNSをながめたり……。
（こうしていても、別に楽しいわけじゃないんだよな）
友だちにメッセージを送ったリョウ。
だけど、なかなか既読にならない。
（なにしてるんだよ、あいつ。
めちゃくちゃ勉強してるのかな？）
再び、ネットの記事を読み始める。
特に楽しくもおもしろくもないまま、
罪悪感だけが大きくなっていく。
気がつけば夕食の時間で、
テスト勉強はまったく進んでいなかった。

どう行動したらよかった？

リョウ

先に勉強してからスマホを見ることにすればよかったな。でも、なかなかやる気が出ないんだよなぁ。

③ ごほうびや目標を設定する

　無理のない目標を設定して、達成したら自分で自分に小さなごほうびをあげましょう。

　たとえば、勉強を50分がんばったら10分間はスマホを見てもいいなど、ごほうびはそういうことでもいいのです。時間を区切るとスマホをだらだらと見続けることを防止できますし、動画の続きが見たくても、いったん切り上げて問題を解いてから見ることにすれば、「早く終わらせて見よう！」とやる気がわいてきます。終わるまで家族にスマホを預けるなど、周りの人に協力してもらうのもいいですね。

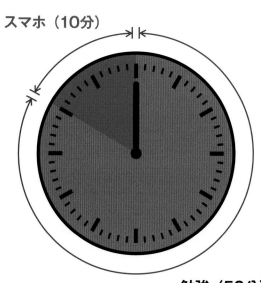

スマホ（10分）

勉強（50分）

50分でやれそうな内容を目標にして、
クリアできたら小さなごほうびを。

●ごほうびの例

目標をクリアしたら、好きなアイドルの曲を1曲だけ聴くのもいいね！　次の曲を聴きたくて、次の目標までがんばれるよ。

テストが終わったら遊びにいくことにして、それまでは勉強をがんばるというのもいいね。休憩中はどこへ行こうか考えてわくわくしよう！

テストが全部終わったら、好きなお店のケーキを食べるっていうのもいいね！

計画を立てて進める力を身につけよう

なかなかやる気がおきないのは、勉強を計画的に進められていないからかもしれません。早めに手をつければ、1日に進める量は少なくてすみます。ぎりぎりになってあわててやろうとすると、1日にこなす量が多くなるから、やりたくなくなってしまうのです。

ちょっとがんばったらこなせそうな量を基準にして、計画を立ててみましょう。計画通りに進まなかったら、そのたびに調整すればいいのです。

ポイント
・ごほうびをうまく活用する
・できそうな計画を立てる

・最初から達成できなくてもOK
・できなかったら計画を見なおして調整しよう

君ならどうする？

やる気が出ないとき、どうしている？

勉強の計画、どうやって立てている？

自分へのごほうび、どんなことにしたい？

まとめ

やる気が出ないときは、クリアできそうな目標や自分へのごほうびを設定して、自分で自分のやる気を引き出そう。

お悩み 7 なんでもがんばりすぎてしまう

「アカリちゃんって走るの速いね！」
「アカリ、また 100 点とったの？　すごい！」
アカリはいつだって、そんなふうに思われたい。勉強やスポーツだけじゃない。お母さんのお手伝いだって、自分の部屋の掃除だって、服装だって、髪型だって、なんでもいつでも完ぺきにしたい！
それなのに……。
昨日、おそくまで勉強しすぎて、思わず二度寝しちゃった。朝食の準備も手伝えなかったし、時間がなくて髪型もイマイチ。あーあ、こんな自分いや！　完ぺきでいられないなんて、もう消えちゃいたい。

💡 **考えよう！** 完ぺきにやらないと気がすまず、しょっちゅう悩んでいるアカリ。どうしたらいいのかな。

① がんばった部分をほめる

ユナ

十分がんばっているんじゃないかな。いつもなににおいても完ぺきを目指しているほうがすごすぎると思う。

ミオ

そうだよね。それにどういう状態を完ぺきって言うのかって、人によってちがいそう。

② 寝る間もおしんで努力する

リョウ

なににおいても完ぺきを目指すなら、寝るひまなんてなくなるんじゃない？　オレだったらいやだけど。

ハルト

そこまでして完ぺきを目指す必要ってあるのかな？　ぼくは、できることをがんばれたらいいかなって思うよ。

38

アカリさんのとった行動は？

 がんばった部分をほめる

いつもよりおそくまで勉強したのに、今日のテストでは85点しかとれなかった。
この世の終わりみたいな顔をして、落ちこむアカリ。でも、先生の話によると、85点はクラスの最高点（さいこうてん）だった。
また、時間がなくてイマイチだと思っていた髪型（かみがた）を、おしゃれな子にほめられた。

今まで、完ぺきにできない自分をどうしてもゆるせなかったアカリ。
（そっか。できなかったところばかり見て落ちこむんじゃなくて、これはがんばったというところをほめてあげてもいいのかも……）
そう思うと、少し肩（かた）の荷（に）が下りた気がした。

無理（むり）な目標（もくひょう）は パンクしてしまうかも

　高い目標（もくひょう）をかかげてずっとがんばり続（つづ）けていると、無理（むり）のしすぎで、そのうちつぶれてしまうかもしれません。今の自分にできることを知ったうえで、目標（もくひょう）を見なおしましょう。できないことがあってもむやみに自分を責（せ）めないで「どうしてできなかったんだろう？　目標（もくひょう）に無理（むり）があったかな？」と考えてみてください。また、がんばったところについては、自分で自分をほめてあげましょう。

君ならどうする？

無理（むり）な目標（もくひょう）を立てて、がんばりすぎていなかった？

無理（むり）をしすぎたことはある？

がんばった自分をほめてあげている？

パンクしないコツ

結果（けっか）だけを見ない

できない自分もゆるす

がんばったところをほめる

目標（もくひょう）を見なおす

まとめ

今の自分をよく知って、無理（むり）のない目標（もくひょう）を立てよう。それが、いろいろなことがうまくできるようになる近道だよ。

リーダーになっちゃった！

社会の授業で、グループごとに調べた結果をまとめた新聞を作ることになった。
くじ引きで決まったリーダーはアユム。
（うっ……、よりによってぼくがリーダーになっちゃった。場を仕切ったり、人に指示を出したりするなんて、ぼくが一番苦手なことだよ。ぼくには向いてないのに……）
しかたがないからがんばろうとするアユムだが、なにしろリーダーをやったことがないので、みんなをどうまとめたらいいのか、さっぱりわからない。
（どうしよう……。自信ないなあ）

 考えよう！ たまたまリーダーになったけど、みんなをひっぱる自信がないアユム。どう行動したらいいかな？

① **だれかに代わってもらう**

 みんなをまとめるのってたいへんだよね。だれか、話を聞いてくれそうな人にたのんで、代わってもらったほうがいいんじゃない？
ハルト

② **とにかくやってみる**

くじ引きで平等に決めたんだから、やってみるしかないんじゃない？リーダーっていっても、ひとりで全部やるわけじゃないし。
アカリ

③ **チームの雰囲気を観察してみる**

 いきなりみんなをひっぱろうとするんじゃなくて、まずはメンバーを観察してみたらどうかな？
ユナ

アユムさんのとった行動は？

③ チームの雰囲気を観察してみる

アユムはとりあえず、グループのメンバーの様子を観察してみることにした。
（あ、あの2人はやる気がありそう。あっちの2人は関係ない話をしているな）
アユムはまず、やる気のありそうな2人に話しかけてみた。

「ぼく、くじ引きでリーダーになっちゃったけど、全然自信がなくて……。協力してね」
「もちろん！ あっちの2人も呼んで、テーマを決めようよ」
（ああ、よかった。これならがんばれそうだ）

観察してやり方を決める

　まずは周りを観察して、ふるまい方を考えます。協力してくれそうな人には声をかけましょう。リーダーだからと言って無理をする必要はありません。「自分がリーダーなんて向いてないとは思うけど、がんばりたいから協力してね」とお願いしながら、みんなの意見を聞き、それをふまえてまとめていけばいいのです。ほかの人がじょうずにまとめてくれているときは、おまかせしつつ見守りましょう。

君ならどうする？

向いていないのにリーダーになったとき、どうやってまとめた？

きみがアユムさんの立場だったら、どうしていた？

どんなリーダーがいいと思う？

ふるまい方の例

●意見がまとまっているとき
意見がまとまり、スムーズに作業が進んでいるときは、特になにもしなくても大丈夫です。見守りながら、自分の作業をがんばりましょう。

●意見が対立しているとき
グループ内で意見が分かれているときは、自分が中立の立場に立って両方の意見を聞きながら、ひとつに調整していきましょう。

●みんなのやる気がないとき
「どうせならやりたいことをテーマにして楽しもうよ！」と声をかけ、少しでもやる気がありそうな人に協力してもらいながらみんなを引きこみましょう。

まとめ

ぐいぐいひっぱるばかりがリーダーじゃない。
みんなの意見を聞き、協力をあおぎながら、調整役としてみんなをまとめるのもリーダーの仕事だよ。

いやな気持ちの図鑑

【あせり】

意味

「早くしないと！」と思っているのに思い通りにいかなくてイライラしたり、とつぜんのできごとに動揺してあわてたりする気持ち。

対処法

あせればあせるほどパニック状態になって、うまくいかなくなってしまう。まずは深呼吸をして、いったん落ちついてから次の行動をどうするか考えよう。

【いじわる】

意味

人を困らせたり、感じの悪い態度で接したりすること。いやなことを言ったり、いやがることをわざとしたり、ときには気に入らない人を仲間外れにすることもある。

対処法

いじわるばかりしていると、そのうち友だちがいなくなってしまう。だれかにいじわるをしたくなったら、同じことを自分がされたらどう思うか、よく考えてふみとどまろう。

【いばる】

意味

周りに対して、えらそうな態度をとること。たいして自信がないために、ほかの人より下に見られたくないという思いが強く、こういう態度をとっていることもある。

対処法

みんなでわいわい楽しみたいときに、やたらといばる人がいたら雰囲気をこわしてしまう。その場で自分が一番になることより、みんなが楽しめる場を作ることを考えよう。

【うたがう】

意味

相手の言うことなどに対し、そのまま受けとめないで、あやしいと思うこと。うたがわれたほうは、自分がうそをついていると思われたと感じ、いやな気持ちになることもある。

対処法

なんでもかんでも信用するのは危険なので、ときにはうたがうことも大事。でも、家族や友だちのような身近な人の言うことをうたがいすぎると、人間関係が悪くなるので注意が必要。

心の中にいやな気持ちがずっとあると、とても苦しいですよね。
ここではいやな気持ちを追い出す方法を紹介します。参考にしてくださいね。

【悲しい】

意味

心がいたくて泣きたくなってくるような気持ちのこと。大切なものや人を失ったり、さびしさを感じたりしたときに生まれる、自分ではおさえることのできない感情。

対処法

悲しくてどうしようもないときは、声をあげて泣いてもいい。自分が悲しんでいるんだという気持ちを認めて、少しずつ元気になっていこう。だれかに聞いてもらうとすっきりすることもある。

【くやしい】

意味

自分の思うようにいかなかったり、ほしいものが手に入らなかったりして残念に思うこと。また、腹立たしく感じること。

対処法

自分の思い通りにならなくて、なにかをあきらめないといけないときはつらいけど、それはこれから先もよくあること。まずは深呼吸をして落ちついてから、どうしたら思い通りになったのか、反省すべき点を考えてみよう。

【きょうふ】

意味

身の危険を感じておそれたり、こわいと思ったりする気持ち。自分の身を守るために生まれた、本能的に危険を察知する感情のこと。

対処法

こわいと思う気持ちは自分を守ることにもつながるから、無理におさえつける必要はない。でも、チャンスをのがさないためにも、ときには思い切ってきょうふを乗りこえることも大切。勇気を出して新しいことに挑戦してみよう。

【虚栄心】

意味

自分を実力以上に大きく見せようとして、みえをはってしまう感情。虚栄心が強ければ強いほど、実際の自分との差が出てしまうため、うそをついてしまうことがある。

対処法

自分を高く評価し、他人を低く見るようになると人間関係がうまくいかなくなる。みえをはらず、他人に対してもけんきょな気持ちをもてるようになれば、大げさなことを言ったり、うそをついたりする苦しみからも解放されるよ。

【さびしい】

意味

心が満たされなくて、ぽっかりと穴があいたように物足りない気持ちのこと。ひとりぼっちのときはもちろん、周りに人がいても心が通じ合えないときに感じる気持ち。

対処法

周りに人がいるときもさびしさを感じるのは、自分で周りにかべを作っているからかもしれないよ。周りの人の話を聞いたり、自分から話しかけたりして、かべを作らないようにしよう。

【自己否定】

意味

自分はなんてダメなんだと、自分自身を否定すること。自分に自信がないと、自分のことを「暗い」「友だちがいない」など、悪い方向へ決めつけてしまう。

対処法

自分を変えたいと思っているなら、自分とは正反対だと感じる人を観察して、まねできることをまねしてみよう。少しずつでいいから、自分のことを認めて好きになれると、楽しめることが増えていくよ。

【嫉妬】

意味

自分よりすぐれている人や、評価されている人をうらやんだりねたんだりする気持ち。ライバルが自分よりも先に認められると、嫉妬してすなおにたたえることができなくなる。

対処法

この気持ちにとらわれすぎて、嫉妬した相手をねたむことよりも、自分の特長を生かしてできることをがんばったほうがいい。くやしい気持ちはバネにもなるが、自分を苦しめることもあるのでじょうずに扱おう。

【せつない】

意味

悲しさや恋しさなどで、心がぎゅっとしめつけられるような気持ちのこと。好きな人のことを考えて胸がきゅんとなるのも、せつなさの表れだと言われている。

対処法

友だちや好きな人とのお別れなど、せつなさを感じてつらいときは、いっしゅんでも忘れられることを探してみよう。おいしいものを食べたり、お笑い番組を見て笑ったりしながら、だんだんほかのことへ目を向けていこう。

【はずかしい】

意味

自分の失敗などに気づいて、にげ出したくなるような気持ち。また、ほめられて照れくさいときなどに感じることもある。

対処法

まちがったらはずかしいとか、みんなに注目されたらはずかしいと感じる人もいるけれど、人の目は気にしすぎないほうがいい。まちがっても、注目されても、自分の言いたいことはきちんと伝えられるようになろう。

【不安】

意味

気になることがあって落ちつかないこと。不安を感じることで、ちゃんと備えたり、危険をさけたりすることができる。でも、不安が強すぎると心の病気になってしまうおそれもある。

対処法

どんなことにも不安を感じてしまうときは、根拠もないのに悪いほうへと想像しがちになっているのかもしれない。正しい情報を仕入れて、ほかの人の意見も聞きつつ、前向きに考えてみよう。

【弱気】

意味

自分に自信がないために何事においても消極的で、発言や行動がつねに弱々しくなってしまうこと。めぐってきたチャンスをのがしてしまうことも多い。

対処法

自分を変えたいと思ったら、まずはできそうなことからとり組んでみて、少しずつ自信をつけていこう。自信がついていくにつれて、やりたいことはやりたいと言えるようになっていく。根気強くがんばろう。

【劣等感】

意味

自分がほかの人よりもおとっていると感じてしまうこと。この感情は、自分を人とくらべることから生まれてしまう。

対処法

ほかの人とくらべてできないと、落ちこんでしまうことも。本来、人の能力は単純に比較できるものではないから、前の自分とくらべてどうだったか、自分なりにがんばったかどうかを基準にすれば、劣等感から解放される。

掃除の時間

ちょっと……

1…
2…
3…
4…
5…

男子たち、重い机があって動かせないから手伝ってー

いかりをぶつけても、相手がいやな思いをするだけだもんね……

できたー！

時間ギリギリだったねー

アユムがリーダーとしてみんなをまとめてくれていたからだよ

ありがとう

えっ…

ぼくもハルトがすっごく協力してくれて助かったよ

新聞なんてぼくにはできないって思っていたんだけど、アユムがいろいろまかせてくれたから、思いっきりできたよ

職員室

え……！
全校の朗読発表？

ミオさん、この前の朗読が
じょうずだったから
クラス代表で
出てくれないかと思って

全校生徒の前で
発表なんて……

先生わたし、
やりたいです！

リョウの部屋

16:10

カタ

もくもく

チラ

……そっか、お兄ちゃんも
がんばっているんだ
今度、勉強法を聞いてみようかな

さくいん

監修

伊藤美奈子（いとう みなこ）

1960年大阪府生まれ。京都大学文学部を卒業後、高校教師となる。6年間教師を続けた後、京都大学大学院教育学研究科修士課程に入学。その後、同博士課程修了。南山大学文学部講師、お茶の水女子大学助教授、慶應義塾大学教職課程センター教授を経て、奈良女子大学大学院教授。

参考文献

『イラストレート心理学入門［第3版］』（誠信書房／齊藤勇著）
『史上最強カラー図解 プロが教える心理学のすべてがわかる本』（ナツメ社／大井晴策監修）
『心理学でわかる ひとの性格・感情辞典』（朝日新聞出版／渋谷昌三監修）
『本当の「私」がわかる 自分の心理学』（ナツメ社／齊藤勇著）

カバーイラスト	藤本たみこ
イラスト	ナガラヨリ
デザイン	別府拓（Q.design）
DTP	茂呂田剛（M&K）
執筆	たかはしみか
編集	永渕美加子（株式会社スリーシーズン）
校正	夢の本棚社

新・心が元気になる本①
自分にイライラ、どうしよう？
～自分の気持ちや性格の悩み～

2022年4月初版　2023年11月第2刷

監　修	伊藤美奈子
発行者	岡本光晴
発行所	株式会社あかね書房

〒101-0065　東京都千代田区西神田3－2－1
電話03-3263-0641（営業）　03-3263-0644（編集）

印刷所	株式会社精興社
製本所	株式会社難波製本

ISBN978-4-251-06617-6
©3Season ／ 2022 ／ Printed in Japan
落丁本・乱丁本はおとりかえします。
https://www.akaneshobo.co.jp

NDC　146
伊藤美奈子
新・心が元気になる本①
自分にイライラ、どうしよう？
～自分の気持ちや性格の悩み～
あかね書房　2022　48p　31×22cm

新 心が元気になる本

監修／伊藤美奈子　　NDC146